JN409274

아버지의 잔상

서암 최 장 호 시집

아버지의 잔상

제1판 제1쇄 인쇄 | 2019년 11월 25일

지은이 | 최장호
펴낸이 | 김명숙

표제글씨 | 양영일(아버지의 맏사위)/서울대 대학원 건축공학과 졸, 한국서예협회 회원,
공학한림원 회원, (주)퍼시스 부회장(전)
표지그림 | 임종임(아버지의 막내자부)/세종대 회화과 졸, 캐나다한인미술협회 회장(전).
작품소장 : Univ. of Toronto, York Univ.

펴낸곳 | 책마루
등록 | 제301-2008-133
주소 | 04558 서울시 중구 퇴계로 235 남산자이 304호
전화 | 02-2279-6729 전송 | 02-2266-0452

ISBN 978-89-98437-15-2
ISBN 978-89-98437-17-6(EPUB2)

※ 이 도서의 국립중앙도서관 출판예정도서목록(CIP)은 서지정보유통지원시스템 홈페이지
(http://seoji.nl.go.kr)와 국가자료종합목록 구축시스템(http://kolis-net.nl.go.kr)
에서 이용하실 수 있습니다.
(CIP제어번호 : CIP2019047411)

아버지의 잔상

서암 최 장 호 시집

아버지(1960년대)

책 마 루

아버지의 탄생 100주년을 기념하며
하늘에 계신 부모님과 조부모님께 바칩니다

부모님 결혼(1945년, 명동성당)

| 시인의 말 |

아버지의 탄생 100주년을 기념하며

금년은 아버지 탄생 100주년이 되는 해이다. 3·1운동 100주년이기도 하다. 격동의 한국 근현대사와 함께 하시다 많지 않은 연세에 타계하셨다. 아버지는 역사의 변곡점인 8·15 해방, 6·25 동란, 4·19 의거, 5·16 군사혁명 등의 격한 파도도 힘겹게 타고 넘으며 우리 5남매를 기복 없이 키워주셨다. 우리는 시련과 역경의 시대에 아버지의 꿈이었다. 한국 근현대사 수난기 모든 한국 아버지들의 꿈은 자식이었을 것이다. 아버지의 꿈이 영글어 우리 5남매는 시련과 도전, 그리고 극복의 과정을 거치며 잡초처럼 살아남아 오늘에 이르렀다. 오늘의 한국은 온갖 시련 속에서 모든 아버지의 꿈과 어머니의 치맛바람이 이루어 놓았다 해도 과언이 아닐 것이다.

한 세기 아버지의 생애를 돌아보며 우리 5남매는 조금은 특별하게 아버지의 탄생 100주년을 기념하기로 하였다. 그리하여 장남인 필자가 시인으로 수필가로 아버지의 추모집을 발간하기로 한 것이다.

아버지는 문인은 아니셨지만 문학적 소질이 있는 문학 애호가로 러시아 문호의 작품을 내게 사다 주시기도 하고 문인들에 대한 말씀을 해주시는 등 나를 문학적 분위기로 인도하여 주셨다. 당시 조경희, 서정범, 전숙희 씨 등의 문인과 교류하시며 그분들에 대하여도 말씀해주신 것이 기억난다. 조경희 씨는 수십 년 전 신문기자로 빨간 바지를 입고 법원에 들어왔다고 하신 말씀이 생각난다. 조경희 씨는 당시 신문기자로 법조인이셨던 아버지와 업무관계로 종종 만나는 지인 사이인 듯하였다. 서정범 교수는 법원의 조정위원 등의 관계로 아버지를 만나지 않으셨나 생각된다. 아버지는 가끔 서정범 교수한테서 들었다고 하시며 무당에 관한 얘기도 하셨다. 어느 날은 서정범 교수가 주었다고 『놓친 열차가 아름답다』라는 수필집을 갖다 주시기도 하였다. 아버지는 지방법원장으로 정년퇴임하셨지만 여러 문인들과 교류하시며 그들의 작품집을 가져다주시기도 하셨다. 지금 생각하면 내가 시인으로 수필가로 문단에 등단하게 된 것은 모두 아버지의 덕분인 듯하다. 나는 아버지의 영향으로 글에, 운동선수출신이신 어머니의 영향으로 스포츠에 취미를 가지고 글과 스포츠를 즐기며 살아오고 있다. 부모님의 유전자를 물려 받았다고도 할 수 있다.

지금은 나는 아버지의 자리까지 물려받았다. 나는 5남매의 장남으로, 해주최씨 34세손으로 우리 5남매 가문의 총수 격이 된 것이다. 그러나 아버지만큼 장자의식이나 책임감은 없는 듯하다. 동생들보다 잘 살아서는 안 된다는 의식은 갖고 살아왔지만 「형보다 나은 동생 없다」는 옛말은 내게는 적용되지 않는 듯하다. 나는 동생들이 나보다는 낫다고 하는 생각으로 살아오고 있다.

오늘날 나는 나름 역사의식 속에서 현실을 직시하며 사회성 있는 시를 쓰고 있다. 중학교 때는 김소월이나 릴케나 바이론 등의 서정시를 즐겨 읽으며 서정시를 습작하였다. 그 당시 발표한 시들은 모두 서정시였다. 지금은 주로 사회의 생리현상이나 병리현상 등 사회성을 바탕으로 한 문제의식을 제시하는 사회성 있는 시를 발표하고 있다. 감성에 호소하기도 하지만 그 보다는 오히려 이성에 호소하는 편이 아닌가 한다. 시가 내포하는 메시지를 중시하며 메시지를 강하게 전달하는 시를 지향하는 것이다. 특히 세계에서 가장 빠른 속도로 고령사회에 진입한 우리 사회를 의식하며 노인문제에 주목한다. 또한 환경운동을 하였던 경험과 농사를 지으며 경험으로 체득한 자연생태 환경에 대하여 외치고자 한다. 모바일 시대, 에스 엔 에스 시대, 4차 산업혁명시대를 주목하며 현실을 바탕으로 가능한 한 쉽고 빨리 이해할 수 있는 시를 쓰고자 노력하고 있다. 메시지를, 외침을 효과적으로 전달하고 바로 이해할 수 있게 하려면 시를 쉽게 써야하기 때문이다.

시집 『아버지의 잔상』은 아버지를 그리는 시를 위시하여 인간과 사회, 생태환경과 자연, 인간과 종교 등에 문제의식을 가지고 쓴 시집이다. 오늘날 한국사회의 키워드는 생태환경, 고령사회와 노인, 취업, 남북관계, SNS, 4차산업혁명 등이 아닌가 한다. 이는 또한 나의 화두이기도 하다. 이 시집에는 그러한 내용들이 담겨 있다.

이 시집에는 인터넷 시인신문 「시인뉴스」를 비롯하여 종합문예지 『생활문학』 등에 발표되었던 시들도 포함되어 있다. 숫기가 없는 나는 시와 수필을 통하여 신문고를 울리고자 한다. 이 시집 속에 나타난 나의 호소와 신문고의 두드림이 독자들의 공감을 얻고 문제가 해결되어 우리 사회가 보다 더 밝아지고 행복해지기를 소원한다.

아버지 탄생 100주년을 맞이하여 아버지와 어머니를 생각하니 6·25 전쟁 후 폐허 위에서 우리 5남매가 부모님과 시련과 역경을 극복해가던 세월이 파노라마로 보인다. 또한 부모님과 조부모님 그리고 우리 5남매가 한 집에서 함께 살았던 시절이 그리워진다. 윤기 흐르는 사회와 생활이 풍족해진 지금보다 빈곤과 도전으로 힘들었던 그때가 더 행복하였음을 느끼게 된다. 지금은 뵐 수 없는 부모님과 조부모님 때문에 더욱 그러할 것이다. 우리 5남매가 쑥쑥 성장하던 당시 아버지는 온갖 시련과 난관을 돌파하는 선봉장으로 우리를 감싸고 고군분투하셨다. 덕분에 우리 가족은 생활은 어려워도 힘든 줄 모르고 행복할 수 있었다.

아버지를 생각하면 언제나 눈시울이 뜨거워진다. 우리 5남매가 온갖 세파와 격동기를 거치며 건재하고 행복할 수 있었던 것은 모두 아버지 덕분이다. 부모님의 희생 덕분이다. 부모님으로부터 받기만 하고 드리지 못한 것이 두고두고 후회된다. 이 시집이 다소나마 그러한 후회와 성찰로 아버지께 전달되고 내 마음의 짐이 조금은 덜어지면 좋겠다.

이 시집이 나의 창작의식을 자극하고 우리 시단에 조금이라도 보탬이 되고 독자들의 공감을 받기 바라는 마음 간절하다.

나봉산 반달 숲에서

瑞岩 崔 章 鎬

차례

• • •
차례

3부 환경과 자연

차례

1부 아버지와 가족

부모님과 5남매 가족사진(1974.3.31)

아버지와 손주들(1980년대)

아버지

정원의 등 굽은 소나무 한 그루
모진 세월에 뿌리 내리며
퇴색된 가문을 감싼다

북풍한설 몰아쳐도 찬 눈 머리에 얹고
얼어붙은 대지를 움켜주며
한평생 의연하다

세상은 변절해도 독야청청하고
사철 그윽하게 드리워
소나무의 기품을 지킨다

달빛이 시련의 그림자에 가려
어둠이 집안을 뒤덮어도
홀로 가문을 밝힌다

아버지의 일기장

책장과 눈 맞춤하는 시간은
숨을 죽이고
글씨 머리에서 발끝까지 스캔하여
나를 발굴하고
죽어 버린 과거를 살려 낸다

꿈틀거리는 시간 한 가운데
나의 초상은 이지러져 있고
어깃장 놓은 뒷모습에서
구겨지는 그림자는 여운을 남긴다

책장의 실핏줄이 파랗게 떨리던 날
아버지의 음성은
확대된 동공 속으로 깊이 뛰어 들어
나를 질책하고 성찰하게 한다

아버지의 영정

옥색 가을 빛 저려오면
아스라이 멀어져간
아버지의 영정이 그리움을 깨운다

인생은 바람결에 묻어가고
묘택은 무상無常을 가르치며
족보 하단에는 새 역사가 흐른다

한가위 다가오면 영정도 살아 나와
흐른 세월 되돌리고
흩어진 가족들 불러 모은다

아버지의 환영幻影

길게 드리운 그림자 홀로 외롭고
허상은 실상을 감추고
끝없이 흘러간다

꿈을 꿀 수도 있고
꿈을 이룰 수도 있게
미카엘 대천사로 나타나

천둥이 쾅 쾅 하늘을 조각내고
폭풍우가 쫙쫙 세상을 휩쓸어도
수호천사로 앞서 달려 나와

숨을 수 있는 피난처로
대기시킨 요술 방망이로
가족의 방패요 가족의 하늘로 떠오른다

예수의 숨소리

거친 숨소리가 다가오자 어린 딸은 물 한 사발을
준비한다

이마에 흐르는 땀방울은 가족의 생명이다

곡괭이를 헛간 한편에 세워두고

툭툭 터는 바지에서 아빠의 고단함이 묻어난다

밭고랑 같은 이마에 연륜이 양각되고

달려가는 어린 딸은 아빠의 숨소리를 찾는다

어린 딸은 아빠의 숨소리를 기억하고

아빠는 살아 있는 예수가 된다

추억의 그림자

바람 사이로 스치는 달빛으로 다가와
빙점으로 끌어내린 혼을 마비시키고
긴 꼬리 도마뱀 한 끄트머리를 토막 내고 만다

토막 쳐진 꼬리들은 줄지어 늘어서고
하나하나 사슬로 이어지고
달리는 열차 되어 통째로 움직인다

시간도 잃고 공간도 잃은 영상들은
뭉게구름 되어 둥실 둥실 떠가고
열려 있는 동공에는 초점이 없다

전설 한 가닥 뽑혀 나와 누에실 되고
허상은 실상과 평행으로 달린다
한자리서 웃고 울며 실성하고 만다

대나무

세월의 허리를 끊고 끊어도
세월은 매듭으로 이어진다

사철 푸르게 사니
한평생이 한결같다

속은 비었어도 굽을 줄은 모르고
신라시대부터 위로만 뻗어왔다

마디는 마디를 낳고
판으로는 세대를 가른다

정몽주는 끝내 칡은 거부하고 이름을 남기고
사육신은 끝내 굽히지 않고 역사를 지었다

한여름 부챗살로 부활하니
아낙은 그 위에 사군자를 입히며 넋을 위로한다

꺾일 수 없으니
한 번 꽃 피워 임종을 맞이한다

*대나무는 한번 꽃피면 생을 마감한다.

방파제

의인은 해안이 고향
방패를 자처하며
고향을 지킨다

고향이 무너질까
해안에 배수진 치며
해안선 따라 몸을 심고

검푸른 혓바닥 삼킬 듯 날름거리고
분노한 악마 두 눈 부릅떠도
팔짱 고리로 늘어서 한 자리서 물러서지 않는다

하늘 깨어져 날벼락 떨어지고
일렁이는 물귀신 사납게 덮쳐 와도
앞선 무너질까 허리 곧추 세운다

소나무

누구도 그 진가를 알지 못하고
아무 쓸모없다 떠들어대며
싹싹 베어버리라고 난리들이었지

비록 몸은 곧게 자라지 못하고
등은 굽고 휘어졌지만
일 년 열두 달 한결같았지

한 철을 흰 눈 머리에 이고 지내고
모진 비바람에 팔다리가 잘려나가도
평생을 꿋꿋하고 푸르게 살았지

옛 선인들은 읊어 대었지
독야청청하며
지조와 기품이 있다고

지금은 속은 못 보고 겉만 보고도
멋있고 기품 있다고
서로 차지하려고 난리들이지

이른봄의 꿈길

냇가 벚꽃 길에는 봄이 숨어 있어
나들이 나온 봄 처녀를 놀라게 하네

벚꽃 가까이 다가가면 봄의 숨결 다가오고
고개 숙이면 썩은 낙엽 밑에서 파릇한 봄이 움트고 있네

생명은 윤회하고
지난 겨울 떠났던 생명 한창 움터오는데
부활절에 떠나가신 어머니는 조짐조차 없으시네

지난밤 뵙고 부활을 애원했건만
새로 움트는 생명이 모두 나인 것을
눈물 거두고 해탈하라 일깨워주시네

2부 인간과 사회

부모님

부모님과 5남매_뒷줄 오른쪽이 작가(1963.5.5)

깃발정신

무슨 운명으로 태어난 까닭인가
맞을수록 온몸 곧추세우고 치를 떤다

아무리 세게 몰아붙여도 고개 숙이는 법 없고
압박을 가할 때마다 벌떡 일어나 온 몸으로 맞선다

북풍한설 휘몰아치면
더욱 거세게 저항하며 길길이 날뛴다

바다거나 육지거나 가리지 않고
일어설 때마다 울부짖는다

3·1독립운동도 4·19의거도
모두 뿌리를 같이 한다

자기 몸 내려놓고 침묵 할 수 있는 건
외풍이 없기 때문이다

겨울

바람의 뼈가 찔러댈 때마다
사시나무는 치를 떨고
북에서 오는 손은 한(恨)을 품고 내려와
세상을 벌벌 떨게 한다

숲의 갈비뼈를 치고 빠지는 바람은
혈액순환을 멈춘
고목의 손을 낚아채고
숲은 꿈만 남긴다

경기조차 꽁꽁 얼어
실업자는 늘어나고
바람을 이기지 못한 노인들은
부고장을 주고받는다

시간의 공존

찬 이불 덮고 천년 잠들어 사는 제왕들 사이로
태양은 졸고 있고
마실 나서려던 작은 별 비에 젖을까 몸을 피할 때
긴 세월에 허리 굽은 소나무는 길손을 맞는다

천마총은 속살까지 내보이며 소통에 나서고
왕가의 녹슨 울타리 너머에는 신작로 길게 뻗어나가
길 양옆으로 후손들의 속삭임 끊이지 않는다

대릉원과 황리단 길은 낮은 울타리 하나 사이에 두고
옛 것과 새 것이 사이좋게 어우러지고
선조와 후손은 시간을 넘어 뜨거운 신라 사랑을 나눈다

마음속 대상포진

어둠을 찢어 내고
세상을 깨운 것은
멀쩡한 신경 속 도려내어
몸으로 몰려드는 아픔 때문이었다

어찌 상처 하나로 끝나랴
은하수처럼 줄줄이 이어져
그칠 줄을 모른다

소금에 절여진 몸은 몸부림치고
빛을 먹은 어둠은 배앓이 하여
단 하나의 소원은 안락사였다

빚 갚을 길 없어 아기와 함께 승용차 안에 번개탄을 피우고
묻지마 살인으로 싱싱하던 생떼가 누렇게 변하는 것은
학교폭력 견디지 못해 고층 옥상서 몸을 던지는 것도
육신을 베는 아픔보다 더한 사회적 고통
마음이 베인다

웅어리

바다가시에 찔리고 찔려도
시간바퀴 돌고 돌아
움푹 파진 속살 위 햇살고약 내려앉고
세월 숙성시키면
마음의 비늘 다 떨어져 나가도
슬픔 더한 고통은 풍선 속에 던져 버리고
미움 더한 원망도 포말 속에 묻어버릴 수 있어
한恨 한 대접 속에
깊은 미학 간을 맞추고
아름다운 철학으로 담긴다

자유로부터의 도피

긴 세월 자유를 외쳐대며
내 인생 내 맘대로 살고 싶다 하였지

층층시하에서 숨 막힐 것 같다며
자유 찾아 산속으로 들어가
내 멋대로 사는 자유인 되니
그것만으로도 행복하다 큰소리쳤지

세월은 무심히 흐르고
누구 한 사람 그를 찾지 않고
자유인도 잊어지고 말았지

언제부터인가 사회에서 격리되었다고 한숨 쉬더니
서로 부딪치며 사는 세상 그립다며
시장 골목에 방을 구하였지

자유는 단절이고 고독이어서
위리 안치되는 귀양살이라고
뒤늦게 말을 바꾸고

엘리히 프롬이 제대로 간파했다며
자유로부터 도피하고
인간은 사회적 동물이어서 서로 어우러져 살아야 한다고
아리스토텔레스를 멘토로 생각하였지

자신이 철이 없어
자유로 스스로를 구속하였다고 긴 숨을 쉰다

시간의 딴지걸기에 당하다

시간의 비위를 건드리면 낭패를 볼 줄은 미처 몰랐다.
시간을 떠받들고 눈치도 보았지만
시간의 보복이란 생각지 못한 것이다

시간에 당하여 팔에 골절상을 입게 되었다
시간에 쫓기어 급히 돌계단을 내려오다 시간의 딴지걸기에 당한 것이다
무슨 일이 그리 바쁜지 뛰면서 생각하고
두 손 가득히 들고 다니니
시간이 옐로우 카드를 꺼내든 것이다
시간은 남을 쫓지 않고 스스로 쫓긴 것이라고 한다

시간을 이긴 자가 있었던가
시간이 붙잡힌 적 있었던가

부러진 팔에 기브스로 보상하고
한 달 반 이상 일손을 축냈다
시간은 유한하고 해야 할 일은 무한하니
시간에 구속될 수밖에 없었으나

시간이 인생을 구속한 것은 아니었다
일손을 놓아도 인생이 바뀌지는 않았다

시간은 비싸게 굴지만 무리를 요구하지는 않고
따라줄 것을 명하지만 여유를 명하기도 한다
시간은 경고도 주고 휴식도 하사한 것이다

멍 때리기

멍하게 먼 산 바라보니
시름도 모르고 고뇌도 없어진다
누구는 바보 같다 하고
때로는 멍청하다 하지만
고달픈 일상에서 탈출하여
마음의 평화 찾는 구도의 길이기도 하고

넋 나간 사람으로
신과 소통하고
추억의 꽃밭을 거니는 것이기도 하다

틈

보이지 않는 힘
새로운 역사를 짓는다

햇살 쏟아 부어 빛나는 세상 만들기도 하고
물길 만들어 난장판을 만들기도 한다

바위에 생겨나
물 스며드니
크고 단단한 바위가 쪼개진다

재산이란 무엇인지
재산 때문에 생겨나
피를 나눈 형제자매도 원수 되고
십년지기 친구 사이도 틀어진다

재산은 많을수록 점점 더 커지게 하고
세월은 흐를수록 더욱 벌어지게 한다

재산으로 생겨나
손잡던 사이 등지게 되니
재산 없어 화목하고 행복하던 때를 그리워한다

모임과 카페

천지창조로 하늘과 땅 갈라지고
사회가 진화하고 세상이 변하니
전통은 무너지고 새로운 라이프 스타일이 솟아
난다

모임과 카페도 새로운 라이프 스타일 한 축을
담당하고
변화에 올라타고 사회복지창구로 변신한다

모임은 독신의 일상 탈출구
소통의 창구이고 고독의 피난처 된다

카페는 독신의 아지트 되어
혼밥과 혼술에서 탈출하게 한다

모임과 카페는 제 모습에 가면을 덧쓰고
사회적 기능까지 하며 독신에 곁이 되어준다

스포츠는 슬프다

대접 못 받는다고 우울한 것이 아니다
본연의 모습 빼앗기고
돌연변이로 팽 당하는 것이 슬픈 것이다

스포츠는 정치가 아니라고 떠들어대면서
정치는 스포츠를 영악하게 이용하고
스포츠외교라고 명명도 한다

엄동설한 얼음처럼 얼어붙었던 미 · 중관계도
탁구 하나로 슬슬 풀리어
미 · 중수교로 이어졌다

평창 동계올림픽은 전 세계 스포츠축제라지만
체육인 보다 정치인이 각광을 받고
개막식행사보다 참석한 정치인이 클로즈 업 된다

대통령도 체육인 보다 정치인의 손을 먼저 잡고
오찬초대에도 체육인 제쳐두고 정치인이 우선이다

장기간 손발 맞춰온 빙구 팀조차
화해란 이름으로 연출되어

혼성팀이란 변형된 모습으로 경기에 나선다

정치에는 인륜도 없고 질서도 없어
직급 높은 구순의 원로도 삼십대 손녀뻘 실세에
이리저리 눈치를 살핀다

결과가 좋으면
스포츠외교의 승리라 하고
그렇지 않으면
스포츠와 정치는 별개라 한다

스포츠는 정치의 수단이고 도구인가

치사랑

내리사랑 있어도 치사랑 없다는 말은
치사랑은 내리사랑의 뱃속 다른 서자라는 말인지
옛날 옛적 한 옛날 얘기는 아닌지
내리사랑은 치사랑을 품고 있는 것은 아닌지

서울 간다고
옷장 뒤져 고운 옷 골라 보지만
서울 사람과는 무엇이 다른지
시골촌닭 면치 못한다

아들네 간다고
읍내 목욕탕 다녀왔건만
촌 내 노인 내는 벗겨내지 못해
아들네 아파트에서 냄새 난다 킁킁 거린다
쭈글쭈글한 할머니 손등 만지작거리며
이젠 농사짓지 마시라 애원하는 손녀
알았다고 고개 끄덕이는 할머니
고추 따기 위해 빨리 돌아갈 생각부터 한다

할머니에게 침대 내 드리고
방바닥에서 새우잠 잔 손녀

침대에서 할머니 온기 느껴져 좋다며
며칠 더 계시라 한다

어린 손녀에게
꼬깃꼬깃한 천 원짜리 쥐어주는 손힘은 어찌 그리도 쎈지
밀어내는 손녀는 결국 고개 숙이고 한마디 한다
할머니 고맙습니다

분양

황혼의 끝자락에서
인생을 정리하며
나눔의 가치 강조하고
자기 몸도 정리대상에 올린다

깜깜한 세상만 보니 빛 있는 세상 보고 싶다 절규하고
간 오염되어 시한부인생 사니 젊음 아깝다 하소연하여
내 몸 떼어내 새 인생 싹 트게 하고파
평생 투자해온 고귀한 육신 분양에 들어간다

눈물 흘리는 자녀들에게 평생 함께한 토지 나누어 주고
나만 위해 살아온 인생 남을 위해 살아보고
홀가분하게 이승 떠나고자
쓸 만한 장기 나눠 주라 유언한다

극진한 사랑

사랑에도 급수가 있고 단계가 있는 것인지
절대적인 것은 아니고 상대적인 것인지
최고의 사랑이란 어떤 것인지

요즘세상 보기 드문 효녀라고
아버지의 눈이고 지팡이라고
동네방네 소문났었지

홀아비로 자식 잘 키워 주었으니
아버지 덕에 잘 자라 감사하다고
보은은 당연한 거라 말하였었지

효녀 심청은 늘 기도하였지
아버지 빨리 돌아가시게 하여 달라고

의사아들과 함께 살지만
며느리도 맞벌이 나가고
지탱하기 어려운 몸으로
혼자 사는 세상
얼마나 힘든 삶인가

인공관절에 암수술까지 하여
제 몸 하나 추스르기 어렵고
며느리 눈치 보며 풀 죽어 지내니

툭하면 빨리 떠나셔야한다 중얼거리고
어찌 그리 오래 사시는지 모르겠다 푸념하니

효녀 딸의 극진한 아버지 사랑은
빨리 돌아가시기를 비는 것이다

책갈피

사이에 끼어든다고 다 불청객은 아니다
일렬로 늘어선 차량 사이로 끼어든 불청객도 있지만
내가 불러들인 끼어들기도 있다

책장은 같은 모양의 글씨를 잉태하고
일란성 쌍둥이로 태어나
서로 구별 되지 않는다

한쪽 두 쪽 세 쪽으로 작명하여 보지만
어디까지 눈길 주었는지 알 길이 없어
표지판을 세워놓는다

자주 찾아 어루만져 주기도 하지만
바쁜 일상에서
눈길조차 잊을 때가 있어

홀로 버려진 미운 오리새끼라고
신세를 한탄하며
찾아 줄 때까지 꼼짝 않고 서 있다

황혼

뜨거운 열정 어둠 한 조각 삼키며 시간과 결별할 때
고향 잃은 새 한 마리 한 자리서 그림이 된다

떠나버린 주변 비바람에 젖어들 때
비어버린 둥지는 고독을 품는다

부풀은 가을 담아와 들녘에 펼쳐놓을 때
꿈 피운 코스모스 바람 따라 꿈을 떠나보낸다

허리 굽은 노송 한 그루 절벽 위에 뿌리 드러낼 때
깎인 세월 위태로워 숨을 죽인다

마음의 속도

마음은 빠르다
빛의 속도보다 빠르다
마음은 성미가 급해 앞서가는 경우가 많다
집배원 고마워 가을에 밤 주워가라 몇 차례 말했던가
보일러 백등유 주유원에게 가을에 밤 가져가라하고
중국집 배달원에게도 가을에 한번 놀러 오라고 말하였지
동네 이장 파출소장까지 밤 주워가라 이르지 않았나
가을은 언제 오는 것인가
일일이 여삼추라더니
이제껏 오뉴월밖엔 안됐다니…
마음은 계절을 저만큼 앞서 간다

그땐 희망이 있었지

전쟁은 폐허를 연출하고
폐허는 극한을 몰고 왔지

먹고 보고 듣는 것이 모두 궁하고
냄새조차 궁하였지
전쟁의 폐허위에서 배를 움켜쥐고 하루를 견디고
하지만 우물물 마시며 꿈을 키울 수 있었지
하루세끼를 굶어도 희망이 보였지

물자는 넘쳐나고 소비가 미덕인 시대에 살게 되어
먹거리 넘쳐나고
볼거리 지천이고
들을 것도 고르기 어려울 지경이지만
일자리는 입에서만 존재하고
꿈은 실종되어
희망을 잃어버린 세대가 되었지

아름다운 간격

햇살 먹고 자라는 산기슭 나무들
위로만 쑥쑥 크는 것이 아니라
옆으로도 쭉쭉 뻗는다

서로 곁으로 다가서니
바람도 막아주고 혹한에도 끄떡없다
태풍이 사납게 휩쓸어도
서로 의지되고 꼼짝도 하지 않는다

가까이 갈수록 좋을 것 같아
더욱 가까이 다가서니
서로 부딪치고 뒤엉켜
나무는 기형이 되고 햇살도 멀어졌다
뒤엉킨 가지와 나뭇잎은 시커멓게 썩기도 하고

너무 가까운 사이가 되니 먼 사이만 못하게 되었다

남자의 아이디

믿음직한 남자라고요?
무얼 보고 그리 말할 수 있지요?
남자는 배신의 화신, 여자의 천적 아닌가요?

언제 어디서 친생자관계 확인소송 제기될지 모르지 않나요?
임종 무렵까지 기다려 봐야 하나요?
임종 후에도 나타나지 않나요?

재벌총수에게만 일어나는 일인가요?
정치인에게도 일어나지 않았나요?
남자라면 누구에게나 일어날 수 있는 일 아닌가요?

남자는 윤리불감증환자 맞지요?
인구 증가와 국력신장에 앞장선다고요?
아무 땅에나 농사지어도 된다는 것인가요?

하늘바라기

늘씬하게 쭉쭉 뻗은 것이 죄일까
먼저 뽑혀 나가 온 몸이 난도질 당한다
고른 몸통은 토막 내어져 머나먼 외지로 유배된다

땅을 향해 두 팔 벌리기도 하고
하늘 향해 두 팔 벌리기도 하지만
모두 하늘을 향해 까치발 한다

인간만 비좁은 공간에서 사는 것이 아니다
그들도 빽빽하게 늘어서 앞뒤로는 팔을 뻗어보
지 못하고
하늘 향해 숨쉬기 한다

평생 하늘만 향해 조금씩 오르는 것은
하느님과 가까이하고 싶어서일까
인간이 싫어서 일까

폐가

다 쓰러져 가는 고향 오두막집
뒷동산 언덕엔 할아버지 누워계시고
할머니 혼자 집 앞 채전 돌보시더니
할머니마저 할아버지 곁으로 떠나가신 후
적막강산에 묻혀버렸다

대문위의 우체통은 녹이 슨 채
텅 비어 있고
오두막집은 하루 종일 멍 때리며
넋이 나가있다

할머니 드나드시던 대문에는 바람만 드나들고
대문 앞 채전에는 잡초만 무성하여
집주인의 손길 기다리며
주인 발자국소리에 귀 기울인다

바람이 발자국소리 낼 때마다
잡초는 고개 숙여 인사를 한다
문지방도 덜컹거리며
바람을 환영 한다

주인 떠난 집에는
바람이 주인이다

낮달맞이꽃

감은 눈에도 보일 수 있도록
햇빛 던져지는 한낮에
눈처럼 환하게 피어나고

동구 밖 멀리서도 바로 알아볼 수 있도록
화려한 노란색으로 자신을 밝혀
지천인 개망초 사이에서 차별화 된다

달보다 해를 선호한 때문일까
달맞이 마다하고 해맞이 하려는 뜻은
변신을 도모하며
자신의 경쟁력을 강화하려는 것

동물사회는 식물사회와 다르지 않고
인간사회도 식물사회에서 배울게 많다는 것을
온 몸으로 일깨운다

백설부

흰 눈 닮으라는 말을 달고 살았지
흰 눈처럼 세상을 하얗게 덮어버리라고 하였지
더러운 세상 모두 하얗게 덮어 버리라고
부정, 부패, 위선, 부조리 모두 깨끗하게 덮어버리라고
그렇게 말하던 너는 어느 겨울 자연으로 돌아갔지
흰 눈 닮으라고 외치던 너는 스스로 흰 눈이 되었지

누구 탓인가

젊은 날의 내 사진 한 장
티 하나 없이 해맑고 풋풋하다
거울을 뚫어지게 드려다 본다
거칠어지고 사납게 이지러진 몰골
내가 보아도 흉하다
누구 탓인가
세상 탓인가
아니다
세월 탓인가
그도 아니다
조상 탓인가
더 더욱 아니다
모두 내 탓이다
내 마음 탓이다
내 마음이 욕심 부리고 어긋난 탓이다
그러하니 누굴 탓하랴

텅 빈 카톡방

썸 탄단 소문은 인터넷을 달구고
혼밥도 물려
마음은 기우는데

매일 아침 문자가 왔다
낮달맞이꽃 피었네요
노랗게 피었네요
밤이 아닌 낮에 핀다고 낮달맞이꽃이라고요?

밤꽃 핀 것 보셨나요?
흰 구슬로 레게머리하였네요
독특한 냄새가 진하네요
머리가 어지러워요

다음 주말 동 유럽 여행 떠나요
열흘 후나 돌아올 거예요
그 동안 문자 못할 거예요
나중에 제가 문자 보낼 게요

매일 아침 카톡방을 열어 본다
떠날 때 보낸 문자 이후 문자가 없다

오늘이 꼭 365일째이다
여행 중 딴 사람과 눈이 맞은 모양이다

추억을 그리는 화가

그는 화가다
그는 화필로 그림을 그리지 않고
화폭에 그림을 그리지도 않는다
그의 그림은 별나
눈에 보이지도 않는다

그는 시간을 그린다
지난 시간만을 그린다
그의 그림은 입체적이고
그의 그림에는 움직임이 있다
그의 그림은 마음으로 볼 수 있고
그는 마음으로 그림을 그린다
그는 추억을 그린다
그는 추억화가다

건너 방 윗목에 고구마 가마 놓여있어
겨울밤은 행복하기만 하고
짧기도 하고
한 겨울 상고대에 넋을 잃고 바라보다
지구에 군불지피면
동구 밖 산모퉁이에 아지랑이 피어오르고

얼음장 밑으로는 봄이 흐르던 그림
개나리꽃 피어나는 희망의 언덕을 오르던
그의 그림은 동영상으로 펼쳐진다

신 망부석

풀 한포기 없는 허허벌판엔 삭풍이 불고 있었지
소복 한 채 홀로 서서 거센 삭풍 온몸으로 막아내었지
연약한 몸은 휘청거려도 날리지는 않았지
기진맥진한 후에야 쓰러지고 말았지
비몽사몽간이었을까
목이 말랐지
사방으로 물을 찾았지
어디에도 물 한 방울 보이지 않았지
무슨 소리가 들이는 듯하였지
기어갈 수 있는 거리에 맑은 샘물이 흐르고 있었지
샘물가에는 두 마리 뱀이 서로 엉켜 있었지
그 둘은 떨어질 줄 몰랐지
그 들은 화석이 되었지
일어나니 온몸이 쑤시고 저렸지
그러나 간밤은 행복하였지

어장 관리

남자 자원 넘쳐나 분양해 준다고
봄 타는 여자 신청하라 큰소리치더니
카톡방 눈에 띄어
킹카 놓쳤다고 두고두고 아쉬워한다

책상 앞에서 에스 엔 에스만 한다는 한소리 듣고도
관리해야 한다며 막무가내더니
책상 빼라는 통지를 받고
눈물만 글썽인다

내일을 알 수 없는 불확실성 시대
오늘만이 전부라고 철학을 읊더니
책상 빼라는 한마디에 치매가 되고
세상만사 남자 탓으로 돌린다

사람이 모이면

사람이 여럿 모이니 예사롭지 않고
숫자에 따라 티가 난다
입이 여럿 되니 이야기는 넘쳐나고
눈도 많아져 주위도 밝아진다
귀 또한 많아지니 뉴스와 정보도 넘쳐나고
체온이 모이니 주변 온도 올라가고
봉사하는 마음 열기를 품는다

아프고 싶다

냉기 감도는 단칸 방
파란 형광등 하나 가물거리고
인정은 얼씬도 하지 않는다

아이들은 재미없다 외면하고
어른들은 노인 내 난다 멀리하니
인적 끊긴 지 오래다

온몸이 펄펄 끓고
끙끙 앓으며 몸져누웠을 때
병실은 문병 인정으로 후끈거렸다

찾는 발길 잦아지고
먹을 것도 넘쳐나고
이마도 짚어주고 손도 만져 주니
외로움 모르고 살 것 같았다

자식 얼굴 보고 싶고
지인 목소리 그리우니
아프고 싶다
몸져눕고 싶다

사내 구함

창조주는 아담과 이브를 만들고
음과 양은 조화를 이루었는데
수급需給과 성비性比의 불균형은 현실이 된다

동네 노인정에는
할머니는 넘쳐나고
할아버지는 부족하다

바깥양반 먼저 보낸 할머니에게
자식들은 멀리만 있고
다정한 말 한마디 그립기만하다

가끔 불러내어 바깥바람 쐬어주고
입맛 당기는 식사 함께 할 수 있다면
세상 살 맛 날 것 같은데

간밤 꿈엔 멋쟁이 백기사 나타나
백 허그 해주며
데이트 신청 해 주었는데

하루 종일 노인정 출입문 바라봐도

젊은 백기사 신입회원은 없고
유모차 밀고 들어오는 할머니뿐

멀쩡한 백기사는 다 어디에 있는지
로봇과 인공지능시대라는데
쓸 만한 백기사 하나 만들 수는 없는 것인지

절연

인연이 있기라도 하였던가
끈으로 묶어 둘 수도 없고
그림자처럼 따라 붙을 수도 없으니

남편의 다리라도 골절되어
바깥출입하지 못하고
사람 만나지 못하기만 기도하였지

이틀이 멀다 외박하고
집에서는 가족과 외면하고
틈만 나면 밖으로 나가려 하지 않았던가

세월이 흐르면
바람기도 잡힌다건만
사람 따라 다른 것인지
가슴속 피멍 가실 날 없어

마지막 유언 한마디
저승까지 인연 갖고 가고 싶지 않으니
죽으면 절대 남편 곁에 묻지 말라

두 얼굴

야누스의 얼굴은 인간에게도 있지만
인간은 겉으로 드러내지 않아
한쪽 얼굴은 보기가 어렵다

야누스의 얼굴은 정치의 속성인지
평창올림픽엔 북측의 선수단과 예술단이 내려와
화합과 평화의 메시지를 전달하고
평양 건군절 열병식엔
남측 겨냥한 단거리미사일이 동원된다

당근과 채찍은 말 길들이기에 챙겨지고
스포츠와 무기는 정치에 이용된다
평화는 전쟁의 다른 얼굴
영원히 양면을 지니고
정치는 야누스의 얼굴 풀이에 나선다

노년의 보름달

휘영청 한 밤하늘 보며 두 손 모으면
심한 관절염에 바깥출입 못 하는 영감
해외여행 같이 가자 손 내밀 듯하고

정월 쥐불놀이 끝자락
한 해의 풍년 비는 농심은
이미 황금들녘 가을걷이 닿아있어

밤하늘에 굽어보는 보름 신은
무슨 소원이든 다 이루어줄 것 같아
오복은 고사하고
틀니 한 벌 해 낄 수 있기를 빌고 또 빌며
눈물 글썽인다

선물은 무서워

니체의 영겁회귀 생각하면
인생은 네온사인 같아
한평생 라일락 향기 날리며 돌고 싶다고

법정의 『무소유』 즐겨 읽으며
가진 것 없더라도
스트레스만 없으면 살 만한 세상이라고 주문을 외우고

공짜는 빚이라며
공연히 빚지고 스트레스 받지 말자고
공짜를 경계하고

선물은 공짜보다 더한 것
큰 빚 아니면 뇌물일지니
선물처럼 무서운 것 없다 손사래 친다

선물 달라는 사람은
얼마나 강심장인지
지구인일 수 없을 거라 한 소리 한다

탐욕

큰 배 움켜쥐고 온 몸 뒤트는 것은
아직도 허기져 있다는 것인지
시공을 넘어 먹거리 가리지 않고
타이타닉호 삼키더니 세월호까지 삼켜버렸다

잡식성으로 생겨나 식탐 끝이 없고
검푸른 색으로 속 덮으니 그 깊이 또한 알 수 없고
그 끝 볼 수 없으니 그 넓이 짐작하기 어렵다
그 무한한 뱃속 무엇으로 채울 수 있을까

매일 용왕제 지내 달라는 것인지
검푸른 속 수시로 꿈틀거리고
입맛 따라 먹는 것만 아니라
수천 년 원도 먹고 한도 먹는다

지상의 낙원

인간의 영원한 이상향 샹그릴라
젖과 꿀이 흘러넘치는 가나안복지
인간이 꿈꾸는 바로 그 곳에
님의 존재 의미 있을까

삶은 무엇인가
행복이란 무엇인가
유토피아는 어떤 곳인가
홀로 행복할 수는 없는 것인가

차디찬 쇠사슬에 묶이어
내일을 기약할 수 없는 막장에서
노예처럼 연명하는 님을 찾아
운명을 함께 하려할 수 있을까

데카브리스트의 아내들은
귀족의 유토피아를 버리고
혹한의 시베리아유배지로 떠났다
행복 나눌 수 있는 곳을 찾아서

인사말

건강하라는 인사말
입에서는 익숙하고
한 쪽 귀로는 흘러나가고
의례적이고 일상이 되어갔지만

팔에 기브스 하고 밤잠 자려하니
팔과 손 고락 간지럽고 저리고
이리 뒤척이고 저리 뒤척여도 잠 잘 수 없게 되니

건강 하라는 인사말
머릿속 깊이 들어와
마음속에 되새겨본다

자리에서 일어나 서성거려 보기도 하지만
팔이 욱신거리고 자극이 있어
어찌할 바를 모른다
이제야 건강의 가치를 저울대에 올리고
내 몸의 일부가 우주보다 무거움을 절감한다

건강하기를 빈다는 그 흔한 인사말 예사말이 아니다

태양의 꿈

비스듬한 산비탈에 옹기종기 이웃들 모여
오순도순 이야기가 즐겁다

일 년 열두 달 찾는 손님 별로 없지만
따뜻한 햇살은 거른 적이 별로 없다

햇살은 달동네 가장
산비탈 가족들을 부양한다

가장은 부양도 하고 꿈도 나누어 준다
꿈이 움트면 익기 시작한다

꿈은 철 따라 주렁주렁 열리고
가을이 오면 탐스런 꿈을 출산 한다

달동네의 꿈은 다른 세상을 만나는 것이다
달동네 떠난 꿈은 낯선 곳에서 씨를 뿌린다

도시농부

강남의 새벽을 박차고 일어난 여대 동창들은
뮤지컬 특별석 입장권을 화장대 위에 놓고
반장화로 무장을 시작한다
호미 꽃삽은 벤츠 트렁크에 잠재우고
새벽안개 흩어지는 청평을 달린다

홍천에는 중간 봄에 꽂아놓은 동창들의 꿈이 익어
호미가 마술을 부릴 때마다 길쭉한 현실이 드러난다
이마에는 구슬땀 영글고
허리는 위 아래로 끊어내듯 하지만
꿈 덩이 쳐다보는 눈빛에는 미소가 담겨있다

매니큐어 페디큐어 반짝이는 손발은 황토에 덮이지만
꿈은 무리를 지어 여기 저기 널려지고
꿈 밭은 통째로 파헤쳐져
안식만 남겨놓는다

벤츠 트렁크에는 꿈이 담긴 부대자루 들어차고

차 안에는 향기 번지는 우정이 꽃 피운다

눈으로는 뮤지컬을 함께 즐기고
머릿속에는 내년을 기약하는 도시농부의 꿈을 함께 심는다
일류와 명문으로 홀로 살아온 모서리 인생
럭비공 같은 길쭉한 꿈을 키우며 더불어 살기로 한다

상류사회 진입

세상을 트랙터로 갈아엎어도
한 해가 지나면 다시 원상으로 복구된다

하늘과 땅을 합하여 다시 둘로 나누어 주길 기도하지만
기도는 기도로 끝나고 만다

칠흑 같은 동굴에서 벗어나려 몸부림쳐보지만
불빛이 없으니 제자리서 맴돌 뿐이다

석류 알은 어찌 그리 촘촘한지
한 알도 더 들어갈 빈틈이 없다

계단은 나란히 줄지어 이어져
한꺼번에 건너뛰어 오를 수 없다

소도 언덕이 있어야 비빌 수 있다 하고
백지장도 맞들면 가볍다 하였던가

적수공권으로 뛰어든 세상
기댈 곳도 의지할 곳도 없다

로토로 신분세탁 꿈꿔 보지만
로토는 로토일 뿐이다

인생 결산

맺힌 한에 꺾어진 시간들은 말없이 달아나고
세월은 몇 번이고 분질러도 다시 이어져 동맥이 통한다
당뇨 5년에 한 쪽 기둥 잘라내고
파킨슨이 찾아온 후 수전증도 따라와
도구도 무기도 제 기능을 못하고
고협압 뇌졸중이 멀쩡한 몸 자빠뜨려
발성조차 힘들어도
고추밭에 나가 고추 따 담으며
고추 값 셈해 본다
바구니에 담긴 고추 개수에 한 개 값 곱하는 셈이지만
머리를 쥐어짜도 계산이 안 나온다
떨리는 계산기 무딘 손으로 달래보지만
계산기는 번번이 다른 숫자를 토해 놓는다
혼자 남은 딸자식에 계산기 넘겨주며
한평생 마지막 결산으로
주름 잡힌 딸자식 여윌 걱정 한숨으로 이어진다

순환

북풍에 얼어붙은 계절이
훈풍에 풀려나기 시작하면
질식한 들숨과 날숨은
다시 온기를 회복한다

해동한 계절이
파종을 허용하면
자궁을 강화한 대지는
출산을 준비한다

계절이 무르익으면
대지는 해산을 하고
경기도 순환을 시작하고
세상은 선순환으로 희망을 심는다

봉투에 담긴 일거리

사각의 평면은 삼차원의 물체를 구축하고
다양한 일거리를 담고 있다

한 열흘 해외여행 다녀왔더니 우체통에는 일거리가 넘쳐난다
흰 봉투, 누런 봉투, 작은 봉투, 큰 봉투 할 것 없이
봉투마다 각기 다른 일거리를 담고 있다
어떤 봉투는 원고청탁 담아 고민거리 만들어 주고
어떤 봉투는 이틀 후가 마감일로 마음부터 달리게 하며
또 다른 봉투는 결혼청첩을 담아 축의금부터 챙기게 한다
종친회 회의참석 요청은 숭조 사업계획을 서두르게 하고
유효기간 지난 일거리 담은 봉투는 혀를 차게 한다
봉투 속 일거리 잊어버려 과태료 물게 되면 마음이 아파
봉투 속 일거리는 느긋한 마음을 긴장시킨다

생계는 일거리를 보채고
기다리는 취업통지 담은 봉투는 오늘도 애태우게 한다

당신의 존재감

바람이 밀어댈 때 밀지 말라고 말해본 적 있던가
바람에게 언제 아는 척 한번 하였던가
바람이 손가락질을 해도 주먹 한번 날려본 적 있었던가

해가 까치발하고 머리위서 내려 볼 때 쳐다본 적 있었던가
해에게 감사하다 말 한번 하였던가
해에게 손 흔들며 인사한 번 하였던가

물이 졸졸 흐르며 말 걸어올 때 귀 한번 기울여 보았던가
물을 매일 마시며 귀중하다 생각한 적 있었던가
물은 생명이란 것을 의식이나 하였던가

매일 얼굴 부딪치지만 사랑한단 말 한번 해 보았던가
수십 년 함께하며 셈 해준 적 있었던가
내 몸 아파 누우니 그제서 존재를 깨닫는다

절망은 없다

칠흑 같은 밤
검은 악마의 손끝에서 벗어나지 못한 선박은 전복되고
인간은 얼음장속에서 허우적대었지
고립무원의 바다에서
몸은 점점 마비되고 의식조차 가물거려
할 수 있는 것이라곤 간절한 기도뿐이었지
깜박 잠들다 눈을 뜨니 불빛이 다가왔지

사방이 깜깜하여 길인지 도랑인지 분간할 수 없고
발길조차 옮기기 어려워
그대로 철썩 주저앉으려할 때에도
희미한 불빛 한줄기 허공을 가르고 있었지

불빛은 운명을 안내하고
구원의 길라잡이가 되었지
어떤 암흑 속에서도 불빛은 나타나고
나락에서도 생명줄을 찾을 수 있었지

덕수궁 돌담길

덕수궁 돌담길에 세월이 흐른다
하루 두 번씩 함께 흐르던 길
흰 눈과 봄비도 마흔 번은 흘러갔다

돌담길은 책가방 오가던 길
돌담위에는 교우의 정이 겹겹이 쌓이고
돌담길은 청운의 역사를 지었다

험한 세파는 교우를 갈라놓고
서로 다른 길로 멀리 떠나갔어도
돌담길의 추억은 언제나 함께한다

돌아갈 수 없는 중 · 고 시절
마음에 가로지른 추억의 돌담길
덕수궁 돌담길에 그리움이 흐른다

생존의 필수조건

모두 알고 있다 살아가는 법을
배우기에 앞서 본능이 깨우쳐준 것이다

폭우 쏟아져 내의 물살에 힘 붙으면
냇가의 풀들은 고개 숙이고 엎드린다

물살이 밀어붙이는 방향으로 몸을 숙이고
물살이 더욱 거세게 밀어붙이면 바닥에
배가 닿도록 납작 엎드린다

강풍 몰려와 수수밭을 때리면
수수는 고개를 숙이고 머리를 조아린다
더욱 거세게 밀어붙이면
허리가 접어지도록 굽신거린다

한겨울 추위 몰려오면
인간은 머리를 숙이고 몸을 움츠린다
더욱 매서운 추위가 피부를 찌르면 인간은 두
손 모아 싹싹 비빈다

살아 있는 권력 거스르기란

사자 갈기 위에 올라타는 것
불의를 삼키지 못하고 토해낼수록
안중근의 뒷모습으로 사라지고
굽실거리면 비굴하게는 살아남는다

맹인

눈으로 보면 겉만 볼 수 있지만
가슴으로 보면 속도 볼 수 있다

눈 뜨고 보면 좁게 보이지만
눈 감고 보면 넓게 보인다

노안으로 보면 세상은 뿌옇고
머리로 보면 세상은 선명하다

여니 사람은 평면만 볼 수 있지만
장님은 입체적으로 볼 수 있다

과학을 쓰니 세상은 투명하게 보이고
과학을 벗겨내니 세상은 실루엣으로 보인다

장님에게 하얀 천사까지 붙어 다니니
장님만큼 세상 잘 보는 사람 있을까

사랑이란 말

사랑한단 말 함부로 하지 마라
사랑이란 말 쉽게 쓰는 말이 아니다

이기적이고 본능적인 것
부분적이고 선택적인 것
모두 사랑일 수 없다

아름다운 것과 아름답지 못한 것
좋은 것과 좋지 못한 것
모두를 아우르는 것이 사랑일지니

배려하고 양보하는 것
책임지고 희생하는 것
이런 것들 없다면 어찌 사랑이라 말하리

사랑은 살아 있는 말
말속에 정이 살아 있으니
정 없이 사랑을 말하지 말라

사랑은 영혼과 함께 하는 것
너무도 숭고하고 고결하여 영혼이 있는 것이니

영혼과 같이
하지 않으면 사랑일 수 없다

사랑은 믿고 또 섬기는 것이니
사랑 또한 신앙이 아니겠는가

사랑은 목숨과도 바꿀 수 있는 것
사랑은 순교의 다른 이름일지라

3부 환경과 자연

백두대간
저수지
잡초
고목
옥순봉
봄 친구들의 실종
가을맞이
구름자화상
소통
마실
산과 나
세월
정선행
색깔

부모님과 5남매_뒷줄 오른쪽이 작가(1965.3.21)

백두대간

구름이 내려앉은 산하의 척추 위로
희멀건 낮달이 뒤 좇아 오고
끊어질 듯 이어질 듯 내려가는 등고선이
헐떡이며 저 멀리 달려가고 있다

내리 뻗은 바위는 숨을 고르며
일만 년을 침묵하고
품을 벌려
한반도를 감싸 안는다

인간은 고작 백년을 산다지만
뫼와 들을 지지해 온 척추는
수십 억 년을 청춘으로 살고
족보를 길게 늘린다

들과 내는 동서로 펼쳐져
척추와 끝없이 동행하며
대대손손 이어지고
한반도의 끝없는 역사를 짓는다

저수지

발가벗은 알몸으로 제방에 갇혀
사지가 묶인 채
남의 눈요기 감이 되고 있는 신세
남들은 그것만으로 성에 안 찬 듯
내 주변에 코스모스를 심고
내 알몸도 보고 코스모스도 즐기면서
풍광이 좋다고 한다

일 년 열두 달 한 곳에 묶여 있으니
욕창도 생겨나고
이를 감추기 위해
수초를 뒤집어쓰기도 하지만
몸에서 나는 냄새는 감출 수 없다

나의 소원은 자유
내 꿈은 제방을 넘어 넓은 세상에 나아가는 것
어쩌다 홍수가 나면 제방을 넘어
탈출할 수도 있지만
제방은 너무도 견고하여
내 꿈은 쇠사슬에 묶여있다

잡초

족보도 모르고 함부로 태어나
제자리 한 뼘 없이 노숙자로 살아가는 운명
족보를 깔고 금수저로 태어나
황태자로 호위 받는 이웃에 치인다

보약 쏟아 붓고 예방접종 거르지 않지만
태양까지 독점하고 홀로 누리고자
주변을 물리치고 철옹성을 쌓는 이웃
눈총에 상처받고 제켜지는 신세
타오르는 오기만 생명을 키운다

오기는 사방에 독기를 품어대고
하늘에 주먹 날리며 솟구쳐
세상을 찍어 누르니
금수저는 기를 못 쓰고 풀이 죽는다

고목

수술 몇 번째던가
하반신엔 수술 흉터 선명하고
줄기 같은 뿌리는 땅 위를 기어가고
옆구리는 콘크리트로 메워졌다
뜨거운 햇살 막아내는 양산 높이 쳐들어
지친 심신에게 그늘 만들어 주고
퍼붓는 소나기에
우산 떠받쳐 준다

길 찾는 행인에게
이정표 되어 주고
만나고 싶은 연인들에겐
만남의 장소 되어준다

동네 노인들에게
놀 터 만들어 주니
장기판 사이에 두고
웃음소리 그치지 않는다

옥순봉

남한강은 미동도 없이 오수에 빠져 있고
옥순봉은 무엇이 부끄러운지 좀처럼 얼굴을 내 보이지 않는다

강 건너 바위산 다른 쌍둥이는 남한강에 검게 잠겨있고
바위산 뒷산은 숨죽이며 길게 누운 남한강을 관조한다

옥순봉은 구담봉과 나란히 남한강에 발 담그고 더위를 식히고 있고
옥순봉 찾아가는 산 벗들은 긴 내리막에서 말을 잃는다

산길 따라 소나무는 기품을 뽐내고
발길 닿는 곳마다 풍광이 예사롭지 않다

대나무 순으로 그려진 기암절벽은 접근을 불허하고
제천 10경 중 제8경으로 남는다

퇴계를 기억하는 산 벗들은 물 위의 노을을 탐조하고
옥순봉 정상에서 퇴계학을 더듬는다

봄 친구들의 실종

봄은 파도처럼 밀려와
점령군처럼 세상을 점령해 가고 있다

봄의 색깔은 대지를 물들이고
봄의 물결이 세상을 바꾸고 있다

봄은 다시 세력을 뻗어나가
실지를 회복하고 있는 것이다

지난봄에 함께 왔던 봄의 친구들은
모습을 보이지 않는다

지난 봄 집 처마에 등지를 틀었던 제비도
냇가에서 봄을 즐기던 백로도 돌아오지 않는다

지난봄이 끝날 무렵 착공한 아파트 단지는
위용을 드러내고
봄의 친구들은 자기 자리를 되찾지 못한다

봄을 동행해 온 봄의 친구들은
봄과의 동행을 포기한다

가을맞이

아침이 달다
공기가 달다
시큼털털하던 어제의 맛이 아니다

푸르던 밤송이는 갈색 옷으로 갈아입고
입을 벌리기 시작한다
알밤은 얼굴 내밀며 세상으로 나아가고 싶어한다
반지르르한 윤기를 뽐내고 싶은 것이다

길가의 코스모스는 함박웃음 지으며 신호를 보낸다
잠자리는 들판에서 너울거리며 손짓을 한다
매미는 동구 밖 미루나무에 걸터앉아
고래고래 소리를 지른다
가을마님 어서 오라고

가을마님이 요술방망이 갖고 오기를
기다리는 것이다

구름 자화상

구름이 그림을 그린다
자화상을 그린다
양떼 모습으로 그리기도 하고
사자모양으로 그리기도 한다
빙산이나 흰 바다를 그리기도 한다
때로는 흘러가고 때로는 정지돼 있다
구름은 변신의 귀재다
언제 어떤 모습을 그릴지 아무도 모른다

인간은 변화하는 생애를
자화상으로 그리지 못하고
정지된 화면으로 그려내지만
구름은 태어나고 사라지는 생애를
파노라마로 그린다

소통

이른 아침 눈 부비며 꽃밭에 나가면
어린 자식들은 몸으로 인사를 한다
답례로 그들의 건강상태부터 살펴본다
잎의 상태 발아여부 성장속도 등등
윤기 흐르는 잎사귀 위로 얼굴이 활짝 피었다.
내가 반갑다는 뜻이다
어깨가 축 처진 녀석은 물을 달라는 것이다
옆으로 기운 것은 척추를 바로 잡아달라는 신호이다
비실비실하는 녀석은 영양을 보충하여 달라 조르고 있다
그들의 요구가 아무리 많은들 예쁜 꽃밭 만들어 달라는 내 요구만 하랴

마실

봄볕이 따뜻해지니
꿩은 어린 새끼를 이끌고 풀숲을 순회한다
고라니도 집 뒤뜰까지 내려와 짝을 기다리고
민들레 꽃씨는 실바람타고 봄나들이 떠난다
겨우내 안방살이 하던 할머니 마을회관 출입하시고
돌 지난 아가도 유모차타고 나들이 나선다
자연은 자연대로 순환하고
인간은 인간대로 순환한다
인간과 자연은 자기 나름으로
소통하고 순환하며 일체가 된다

山과 나

내가 산에게 다가가면 산도 내게 다가오고
내가 산에게서 멀어지면 산도 내게서 멀어진다
내가 산에게 뛰어가면 산도 내게 뛰어오고
내가 산에게 천천히 다가가면 산도 내게 천천히 다가온다
내가 잠시 주저앉으면 산도 잠시 주저앉는다
내가 숨을 내 쉬면 산은 숨을 들이쉬고
내가 숨을 들이마시면 산은 숨을 내쉰다
내가 산을 내 성씨 한자글자 머리에 이고 있는 것을 아는지
산은 나를 포근히 맞이한다

세월

얼음 풀린 시냇가에 봄 흘러가니
녹색 짙어가는 가로수엔 여름 다가오는 소리 들린다

펼쳐진 들녘마다 벼 익어가니
농부의 귀에는 추수기 달려오는 소리 들린다

야산 여기저기 밤 떨어지니
문안인사 차비하는 바람 옷 갈아입는 소리 들린다

교과서 끝장 보이기 시작하니
졸업 앞둔 수험생엔 수능시험일 가까워 오는 소리 들린다

정선행

물안개 뽀얗게 피어오르는 양수리 지나
조롱박과 수세미 어우러져 아취를 이룬 양동역 지나
신립장군과 의병들의 원혼이 떠도는 제천을 지나
단종의 애사가 가슴을 적시는 영월을 지나
나그네 실은 아라리 열차는 정선으로 다가간다

높고 청명한 하늘에는 가을이 떠 있고
차창 밖으로 지나가는 산자락에는 계절이 깊어가고
굽어 돌아가는 시냇물에는 세월이 흐르고
열차 내에 감도는 흘러간 팝송은 추억을 일깨운다

산 높고 골 깊은 산골마을 정선
아우라지 처녀의 아리랑이 구성지고
황금 캐던 화암동굴에는 광부의 애환이 서려있고
동강위의 뗏목에는 정선의 꿈이 남아있다

정 들은 땅과 내 뒤로하고 돌아서는 귀로
정선의 한과 멋 여운을 남기고
별을 깨우며 밤을 달리는 아라리 열차는 향수에 잠긴다

색깔

인생은 색깔이다
푸른색은 청춘이요
누런 색은 노인이다

세월은 색깔을 바꾼다
봄은 푸릇푸릇 연두색으로 피어나 생기를 내 품고
여름은 파랗게 젖어 무성하게 뻗어간다
가을은 힘없이 꺼칠한 누런 색으로 물들고
겨울은 무색으로 한 해를 마감한다

봄에는 한 풀로 색깔의 역사를 일으켜 세우고
가을에는 맥없이 색깔의 역사를 눕힌다

색깔은 마음속에 있다
마음속에 푸른색이 많으면 청춘이요
마음속에 누런 색이 많으면 노인이다

내 마음속엔 아직 푸른색이 철철 넘치고
나는 황혼 녘에서 인생의 봄날을 꿈꾼다

4부 인간과 종교

종교
봉쇄수도원
서산부석사 금동보살좌상
새벽예불
독경소리
신의 걸작

부모님과 5남매 / 뒷줄 가운데가 작가(1960.2.10)

종교

부러지고 잘려나간 마음에
다리 놓아주고
재활치료 베풀기도 하지만

흐느낌을 꺾고
독침을 갈게 하고
모은 두 손에는 분노를 안긴다

야누스의 얼굴 드러나
슈퍼맨으로 오기도 하고
괴물이 되기도 한다

9 · 11 테러 미국 국방성 테러
알카에다나 탈레반이 그 배후세력이고
이슬람과 연계되어 있다

이슬람과 가톨릭은 십자군전쟁을 유도하고
가톨릭교와 개신교는 30년 전쟁을 잉태하였다

이스라엘과 팔레스타인조차 영혼의 갈등으로 전쟁을 불사하고

하늘을 같이 할 수 없는 원수가 되어간다

같은 세력에서도 분파되어 갈라지고
정통과 이단으로 나누인다
세력 간 갈등과 마찰은 정지를 모르고
적개심은 중무장을 한다

마음의 평화와 안정을 내세워
증오와 분열의 씨를 심고
세계를 막장으로 몰고 간다

봉쇄수도원

시간도 멈추고
나도 없고 남도 없는
육지속의 외딴 섬

공간도 사라지고
삶과 죽음이 무덤덤한
육신과 영혼의 카오스

입구는 있어도 출구는 없고
걸어 들어가
누워 나오는
전설속의 철옹성

바람과 구름이 소식을 몰고 오나
세상은 없고
영성은 있어
간구와 묵상만 묵주를 맴돈다

서산부석사 금동보살좌상

동그스름한 얼굴 도톰하고 부드러운 볼
고려조의 끝없는 불심을 담고 있다

가부좌하고 앉은 모습
참선의 진수 헤아릴 수 있다

득도의 미소에서
해탈의 경지 엿볼 수 있다

르노아르의 여인 만나는 듯
예술철학까지 스며있다

600년 대마도 관음사 나들이에서 돌아와
시공을 초월한 평정심으로 부처가 된다

새벽 예불

허공을 물들이며 온 누리에 번지니
산천초목은 서서히 기지개를 펴고
곤하게 취침중인 새벽도
기상준비를 서두른다

동녘하늘은 어둠을 걷어 들이며
하루를 시작하고
점점 크게 퍼지는 영혼의 함성에
인간은 뒤늦게 두 눈을 비빈다

자연과 인간은 때를 같이 하며
한 속으로 뜻을 통하고
자연을 깨우는 침묵의 강론에
인간은 만물의 이치를 깨우친다

독경소리

말도 아닌 것이 노래도 아닌 것이
랩이란 이름으로 음악 되어
시대를 평정하고
세계도 통일시킨다

음악은 국경을 뛰어넘으며
문화까지 동반하고
의식까지 전염시킨다

수천 년 내려오며
산속에 울려 퍼지는 학승의 랩은
서양 랩과는 어떻게 다른 것인지

정신을 통일시키고
마음을 연결시키고
국적을 가리지 않는다

도량의 랩은
인간의 번뇌 잠재우고
복잡한 세상 단색으로 물들인다

신의 걸작

때가 되면 알아서 그림을 그려
우리는 감상만 하면 되었지
멀리서 보면 추상화 가까이서 보면 구상화
바람 따라 출렁거려 움직이는 예술이었지
그 색채가 너무 아름다워 색채의 마술이기도 하고

허공에 그린 그림은 화폭이 너무 넓어
이글거리는 바다에 탄성을 질러대었지
지상에 그린 그림은 감촉까지 느낄 수 있고
화폭모양 따라 그림모양 달라져
공간의 예술이기도 하였지

단풍이 그린 그림은 자연이 그린 그림
또한 신이 그린 걸작이어서
다빈치도 흉내 내지 못하고

인간은 입만 벌리고
감탄만 할 수 있을 뿐
평가도 할 수 없는 것이지

최장호 회장님의 시집 '아버지 잔상'

향강 張 貞 文(시인, 소설가, 평론가, 철학박사)

우리 한국생활문학회 회장이신 崔章鎬 시인, 수필가님이 부친의 탄생 100주년을 맞이하여 기념시집 '아버지의 잔상'을 출판한다. 아버지는 1919년생, 우리나라 현대역사상 심한 격동기 3 · 1 항일독립운동을 비롯하여 8 · 15 조국해방의 환희, 4 · 19와 5 · 16 민중항쟁들을 다 겪으시기도 한 한국현대사의 증인이었다고 말한다. 그의 아버지는 한국법조계에서 지방법원장을 지내신 성실하고 활력 있는 지성인으로 많은 노력과 활동을 하셨다고 추모한다.

아들은 이 추모시집에서 아버지의 家門, 가족사랑, 특별히 자식교육을 위해 계속 가르침과 실천으로 본을 보여준 점을 강조한다. 5남매의 장자이신 최장호 시인은 부모님의 그 큰 은혜를 잊지 못한다. 이 시집의 表題를 '아버지의 殘像'이라 표현한 것도 아들의 진심, 아버지를 그리워하는 지극한 효성이 아닌가. 아버지의 교육 훈육을 많이 받은 이 아들딸들은 훗날 모두 각 전문분야에서 성공하는 좋은 결실을 보게 되었다. 아버지의 그 크신 은덕이 얼마나 고마웠겠는가.

아들 장호는 어머니의 은혜도 고맙게 회상한다. 운동선수였던 어머니, 역시 자식들을 잘 가르치며 키워주신 어머니이다. 아들은 어머니의 영향으로 스포츠도 즐기는 스포츠애호가가 되었다는 것이다. 그의 아버지와 어머니는 서로 많이 도우며 사랑하는 부부였다고 한다. 이렇게 고마운 부모님은 모두 여러 해 전에 세상을 떠났다. 고인들이 되신 부모님을 회상하면 슬프고 마음 아프지만 고마운 마음을 더 느낀다고.

아들 최장호는 성공한 자신의 생애를 언급한다. 고려대 등 명문대학교 졸업, 교수와 학장직을 지냈고 도미하여 뉴욕소재 콜롬비아대학교와 캘리포니아 주립대학에서도 교환교수직을 경험했다. 쟁쟁하고 빛나는 삶을 산 인생이다. 이렇게 유명한 교수, 학자가 관계한 기관에서 명예은퇴를 하고는 글을 쓰는 시인, 수필가 문인이 되었고 지방 시골에 내려가서 농기구를 손에 들고 일하는 농민이 되었다. 참말 특별한 삶, 모범적인 인생이다.

위의 서평에 더하여 한마디 더 언급한다. 그의 가문은 해주 최씨, 그의 아버지는 이 최씨 가문의 총수로 활동했고 지금은 아들 최장호가 5남매 가정의 족보와 총수직을 위임받았다고 한다. 이 가문의 자손들은 崇祖와 효성 전통을 이어가는 가문 윤리의 모범이다.

다음은 이 시집 '아버지의 잔상' 을 내용과 항목을 따라 좀 더 구체적으로 읽어본다. 목록은 크게 4제목으로 나눈다. '아버지와 가족', '인간과 사회', '환경과 자연', '인간과 종교'로 대별하고 이를 항목별로 세분한다. 시인은 시집 구성 편집에도 신중 세심하다.

이 시집 서평을 쓰는 나는 그 많은 분량의 글들을 다 논할 수 없어 그 앞과 중간을 주로 하여 항목들을 택하고 평한다.

(1) 아버지와 가족

첫 번으로 나오는 제목 '아버지와 가족' 난에서는 주로 아버지 어머니와 자식들을 중심으로 글을 올렸다.

노인이 되어 등이 굽어진 아버지의 모습을 회상하며 그려본다. 북풍 몰아쳐도 이를 이겨내며 독야청청 변함없이 강직하고 의연히 서있는 소나무를 떠올리며 비유한다. 그의 아버지가 이런 정신과 기백으로 가문 가족을 잘 지켰단다.

자식의 책 독서와 공부를 유심히 살피면서 때로는 아들을 엄하게 꾸짖어 훈육하셨다고.

아버지의 영정… 세상을 떠나 이제 영정 사진으로 남으신 아버지, 가문족보에 오르셨다. 한가위 날 묘소에 누워 있으면서도 가족을 사랑하며 부르신다.

아버지의 幻影… 별세하신 아버지는 천국에 올라가 계시지만 천사장이 되어 가족을 찾아오신다.

예수의 숨소리… 농부는 가족을 부양하기 위해 힘든 농사일을 한다. 가족들에게 농부는 자기들을 구원하는 예수와 같은 존재이다. 어린 자식은 힘든 농사일을 끝내고 거친 숨을 몰아 쉬며 돌아오는 아버지를 느끼며 달려나간다. 이 시는 또 달리 감상할 수 있다. 아버지의 병상 임종하실 때이다. 딸이 물 한 그릇을 들고 아버지 옆에 빨리 간다. 농토작업을 하던 아들도 급히 귀가하여 아버지 옆에… 임종하는 아버지의 이마와 얼굴에 많은 땀방울들이 맺힌다. 아들과 딸은 그 땀방울들이 끝까지 가족의 생명을 소중시하는 표시라고 믿는다. 얼마나 아버지를 고마워하고 사랑하는 생각인가. 아버지는 열심히 그리스도를 믿는 신앙인이었다고. 그래서 아들의 눈에는 아버지의 마지막 모습이 구세주 예수그리스도로 보인다고 말한다.

대나무… 시간과 역사는 그 누구도 끊지 못한다. 해마다 한 마디씩 맺히며 곧바르게 성장 하는 대나무, 정직하고 옳은 충성심의 상징이다. 한국역사상 구국애국정신의 정몽주, 사육신의 정신과 희생, 최장호는 아버지가 그런 애국충정의 길을 따르는 인물이었다고 믿는다.

방파제… 계속 강한 힘으로 침입 내리치는 무서운 바다 파도의 위협, 이런 침입의 힘에 조금도 굴하거나 물러서지 않고 육지의 고향을, 조국 땅을 지키는 방파제 뚝은 무엇인가. 이 불굴의 정신과 투쟁은 아버지의 정신을 이어받은 최장호의 향토애, 조국애이기도 하다.

소나무… 사철 변함없이 독야청청 굳건히 서있는 소나무의 지조와 기품, 최장호 시인은 소나무의 깊은 내면을 투시하는 예리한 눈을 가졌다.

이른봄의 꿈길… 이 새봄에 세상을 떠나신 어머니를 그리워 한다. 아들의 아름다운 마음이다. 최 시인은 어머니가 불교의 輪回와 그리스도교의 부활을 통해 극락과 천국 영생하시기를 기원한다.

(2) 인간사회

두 번째는 겨울, 자유문제, 시간개념, 모임과 스포츠 등 현대인의 사회생활을 시로 논한다. 최장호 시인의 관점이고 체험이며 평가이다.

깃발정신… 이 나라의 국기상징 태극기이다. 우리 한국민족은 외세의 침략에 굴하거나 약해지지 않는다. 한국의 역사에는 救國 애국정신의 용감하고 강한 투사들이 적지 않다. 3·1 운동, 일제식민지 항일투쟁 등 시인 최장호의 구국정신, 조국애를 반영하고 있다

겨울… 매섭게 불어오는 겨울북풍이다. 얼마나 춥고 떨리는가. 산의 나무들은 침묵하고 사람의 몸은 움츠려든다. 사회는 얼어붙게 된다. 경제 활동이 약화되고 추위를 견디지 못하는 고령 노약자들은 많이 죽는다. 이렇게 겨울은 자연과 인간의 삶을 어렵게 한다.

자유로부터의 도피… 자유의 개념과 삶을 오해하고 분별없이 날뛰는 행동들, 특히 지성인을 자처하며 분별없이 행동하는 일부 학생들이 그러하다. 반미운동, 美대사관을 습격 담을 넘는 등… 이런 행위들과는 내용이 다르지만 가톨릭 수녀들의 그 원내체험들 가운데서도 자유의 문제가 있다. 10대 소녀나이에 깊은 생각 없이 자신의 자유의지로 찾아 들어간 수녀원 원내의 생활… 그 안에도 현실적 삶은 어려웠다. 그 과거의 생각을 뒤늦게 후회하는 것이다. 나 향강은 한국과 캐나다에서 몇 수녀자신들의 경험담을 들었다. 겉보기와는 달리 동료수녀들 간에 남모르는 갈등과 충돌이 적지 않다고. 이런 이야기는 공개하고 싶지 않지만 이제 내가 그 무엇을 숨기랴. 나의 이 말이 최장호 시인의 생각과 같은지는 모르겠다.

시간의 딴지걸기에 당하다… 시간은 인간의 눈에 보이지 않는 이상한 신비의 존재이지만 그 깊은 신비는 강하고 때로 무섭기도 하다. 시간을 거역하면 그 결과는 비참하다. 시간의 성질을 바로 알아 시간의 흐름과 지시에 잘 응해야 한다. 나 향강은 공간과 시간의 철학적 신학을 연구한 학자로서 말한다. 최장호 시인은 이 時空의 신비 존재를 그의 현실 사회생활에서 체험하며 증언한다.

모임과 카페… 현대의 사회생활은 많은 모임들과 지식교류, 함께 나누며 돕는 삶이다. 이 모임이나 회합을 외면 불참하면 그만큼 손실을 당하게 된다. 최장호 교수, 작가는 많은 회합에 관계하는 사회활동가임을 말해준다.

스포츠는 슬프다… 오늘의 스포츠문화는 찬란하다. 올림픽, 세계축구대회 등 얼마나 성대하고 찬란한가 그 대회장에 오는 관중들은 모두 열광적이다. 최장호 시인은 운동선수 어머니의 가르침과 영향으로 스포츠 애호가이다. 스포츠가 정치에 이리 저리 끌려 다니고 이용당하는 것을 서글프게 바라본다. 나 향강은 스포츠에는 별로 아는바가 없다.

치사랑… 시골에 사는 친할머니, 손녀가 보고 싶어 서울 같은 대도시로 찾아간다. 오늘의 현대사회는 대도시로의 이동과 유익한 생활을 선호한다. 경제생활, 자녀교육문제, 편리한 교통 등 실생활에 많은 도움이 되기 때문이다. 손녀는 먼 길 찾아오신 할머니의 손을 만져본다. 많고 깊은 주름살들. 역시 현대사회의 한 단면을 보여준다.

(3) 환경과 자연

우리 한반도의 등골, 백두산 줄기가 남으로 뻗어 이어가는 백두대간… 시인은 이 대간을 시작으로 널리 퍼져나가는 지맥들과 高山峻嶺들. 계곡 저수지들, 고목을 그려보며 시를 쓴다. 그리고 이 山水자연에 대한 감사의 마음을 가을 맞이, 산과 나로 더 가까이 접근시켜 글을 엮어간다. 우리의 조국강토에는 세계의 명산 金剛山을 비롯하여 설악산, 월악산, 지리산 등 名勝高山들이 이 얼마나 많고 아름다운가. 이 시집의 최장호 작가는 이 자랑스러운 우리나라의 高山 자연과 삶의 환경을 시로 읊는다.

백두대간… 우리의 국토를 이루는 몸의 척추골과 같다. 백두산천지, 압록강 두만강, 한강, 낙동강 등. 여기서 우리나라 우리민족은 살과 피와 살을, 힘을 얻게 된다.

잡초… 오늘날 우리의 사회는 빈부의 격차가 심해서 삶이 어려운 상황이다. 노숙자들의 외롭고 어려운 모습들, 이와는 대조적으로 금수저 대부호들의 거만들, 최 시인은 사회의 이 병폐를 보며 개탄 비판한다.

가을맞이… 지방에 내려가 산과 밭의 결실들을 손수 만지고 거두는 농민작가 최장호 시인, 그 삶 참말로 특이하고 아름답다.

산과 나… 시인은 주위의 산들을 자주 보며 오르기도 한다. 그는 산을 좋아하고 사랑한다.

그래서 많은 애독자들이 이 시인의 글을 읽고 고마워하며 칭찬한다.

(4) 인간과 종교

최 시인은 시집 마지막 항목으로 '종교와 나' 라는 중요한 말을 강조해서 표현한다. 그는 열심 있고 독실한 지성종교인이고 신앙인, 그의 종교는 불교와 그리스도교 신앙도 깊이 아우르는 종교관을 보여준다. 나 역시 이런 포괄적 종교관을 좋아하며 동감한다.

종교… 깊은 산중의 불교사원과 그 오랜 역사, 參禪의 진수를 수행하는 스님을 배운다고 최장호는 말한다. 나 향강은 과거에 몇 번 깊은 산중의 절을 찾아가 불교 스님의 가르침을 들어보았고 또 불교 스님으로 명작 글도 많이 쓰신 법정스님의 책을 읽어 불교의 가르침을 받은 사람이다. 그 고마움 잊지 않는다.

독경소리… 신의 걸작 등 부처님의 가르침과 그 예술적 공적도 잘 그려낸다.

나의 이 서평, 마지막으로 몇 줄 더 쓴다. 이 시집 '아버지의 잔상' 을 세상에 내놓는 최장호 시인은 참말 뜻이 깊고 아름다운 시와 글을 많이 써서 묶었다. 그의 인생 오늘에 이르는 삶이 풍부하고 놀랍다. 학계 교육계 등 넓은 지식과 그 실제적 활용을 하며 그 경험들을 세상에 널리 전하고 나눈다. 그의 문학적 재능, 특히 시와 수필의 글들은 탁월하여 많은 독자들에게 귀감이 되고 있다. 나 자신도 이 시집을 읽으며 깊이 감동받았다.

이 시집 '아버지의 잔상' 이 국내와 해외로 많이 읽혀져 그 애독자들의 사랑과 칭찬을 받으리라 믿는다.

최장호 시인에게 거듭 감사하고 축원한다. 그리고 이 시인을 도우시며 함께 하시는 하느님께 감사를 올린다.

2019년 11월 4일. 용인 수지에서